SENTIMENT DES JESUITES TOUCHANT LE PECHÉ PHILOSOPHIQUE.

SECONDE LETTRE.

Par le P. Le Tellier

A PARIS,
Chez la Veuve de SEBASTIEN MABRE-CRAMOISY, Imprimeur du Roy,
ruë Saint Jacques, aux Cicognes.

M. DC. XC.

AVEC APPROBATION ET PRIVILEGE.

SENTIMENT
des
JESUITES
touchant
LE PECHÉ PHILOSOPHIQUE.

Seconde part[ie]

A PARIS

M. DC. XC.

LETTRE A UN HOMME DE LA COUR.

MONSIEUR,

Puis que la queſtion du Péché Philoſophique dont il n'avoit jamais eſté parlé que dans l'Ecole, eſt devenuë une affaire de la Cour & du monde, le zele que vous avez

ligible, je croy devoir commencer par vous en expliquer clairement les termes.

Les Theologiens ont toûjours distingué dans le peché deux rapports differens ; l'un à la droite raison qui le défend, l'autre à Dieu mesme qu'il offense, & qu'il deshonore. C'est sous le premier de ces deux rapports qu'on le nomme Peché *Moral* ou *Philosophique* ; parce que, comme dit Saint Thomas, la Philosophie Morale ne le considere qu'entant qu'il est contre la raison : au lieu que la Theologie le regarde principalement comme une offense de Dieu, & comme une injure faite à Dieu. De là est venu le nom de Peché *Theologique*.

A THEOLOGIS *considerator peccatum, præcipue secundum quod est offensa contra Deum: à* PHILOSOPHO *autem morali secundum quod contrariatur rationi*. 1. 2. q. 71. a. 6. ad 5.

Je n'entreprens point, Monsieur, de vous expliquer l'usage que les Theologiens font de cette distin-

mes & aux ignorans. Elle n'eſt pas nouvelle, puis qu'elle eſt fondée, meſme quant à l'expreſſion, ſur les paroles de Saint Thomas. Mais elle eſt encore moins imaginaire : car, quoy-que l'on ne reconnoiſſe point de Pechez Philoſophiques qui ne ſoient en meſme temps des Pechez Theologiques, il faudroit eſtre bien ignorant, pour ne pas ſçavoir que ces deux qualitez ou rapports du peché ſe doivent diſtinguer par la penſée ; de meſme qu'on diſtingue dans la calomnie l'oppoſition qu'elle a & avec la vérité, & avec la charité, & avec la juſtice.

Vous ſçavez déja, Monſieur, en quoy conſiſte la nouvelle héréſie qu'on nous impute là-deſſus : C'eſt à ſoûtenir que toute ignorance & tout oubli de Dieu, quoy-que volontaires & coupables, comme ils le

rance, dis-je, & tout oubli de Dieu suffisent pour ne commettre que des Pechez Philosophiques qui n'offensent point Dieu. Voilà ce que nous condamnons tous comme une hérésie abominable; mais que nous disons en mesme-temps n'avoir esté enseignée par aucun de nos Ecrivains.

Nous voulons bien, Monsieur, que l'on en juge par le Professeur de Dijon, celuy de tous les Jesuites qui en devroit estre le plus coupable. Car enfin, ce nouvel hérésiarque de Bourgogne combat formellement dans ses Ecrits l'hérésie qu'on luy attribuë à l'occasion de sa These: & il y a lieu de s'étonner de la franchise ou de la simplicité du Dénonciateur, qui dans son Libelle se vante d'avoir entre les mains ces Ecrits qui suffisent seuls pour le

Page 17.

vaincu d'une infidélité aussi extraordinaire que vous en ayez peut-estre jamais veû en ce genre. Nous avons les Ecrits dictez par ce Professeur, & l'on n'a oublié nulle des formalitez qui peuvent faire foy que ce sont ses véritables Ecrits. Voicy donc ce qu'ils contiennent : lisez-le s'il vous plaist, Monsieur, avec un peu d'attention, & toûjours dans la veûë de ces deux propositions universelles à quoy se réduit la nouvelle hérésie. 1. Que faute de connoistre Dieu, tous les péchez des athées & des Infidelles ne sont que Philosophiques. 2. Que faute de se souvenir de Dieu en péchant, les Chrétiens corrompus ne font aussi que de ces péchez. Je vous rapporteray & les objections que le Jesuite de Dijon se fait luy-mesme sur ce sujet, & ses réponses dans

ches capitaux où elles se rapportent ; & qu'afin d'éviter les redites inutiles, j'ay réduit en une deux de ces objections aussi-bien que les réponses, parce qu'en effet elles n'avoient rien qui les distinguast.

I. *Objection du Professeur.*

» Si le Peché Philosophique n'estoit
» ni une offense de Dieu ni un péché
» mortel, beaucoup d'Infidelles qui
» sont dans l'ignorance INVINCI-
» BLE de Dieu & de sa loy, & qui
» tombent en plusieurs pechez sans
» penser à l'un ni à l'autre, ne pé-
» cheroient jamais mortellement, ni
» ne mériteroient point l'enfer. Ainsi
» il faudroit qu'il y eust pour eux
» aprés le dernier jugement un qua-
» triéme lieu distingué du paradis, de
» l'enfer, & du purgatoire : & il vau-
» droit mieux ne leur faire connois-

ces ne se peuvent pas souffrir. Donc, &c.

Ce sont là, Monsieur, comme vous voyez les conséquences que le Dénonciateur presse si fort contre la These de Dijon, & qu'il étale avec tant de pompe dans son article, sur *la premiere impieté*, &c. C'est des écrits du Professeur qu'il les a tirées, aussi bien que celles qui ont rapport à *la seconde impieté* : mais il s'est bien gardé de faire paroistre les réponses qu'il a trouvées au mesme endroit. Vous en comprendrez facilement la raison : écoutez le Professeur.

Réponse du Professeur.

Je nie la premiere proposition du syllogisme, parce qu'elle suppose UNE CHOSE QUI N'EST POINT (*sçavoir, que ces gens-là*

» idée de Dieu comme d'un Estre souverain qui défend le mal, & cette idée est si profondement gravée dans leur esprit, qu'il n'y en a point de si infidelle ni de si barbare, qui soit ou qui puisse estre, au moins pour un temps considerable, dans une ignorance absoluë de Dieu & de sa loy : parce que, comme dit Tertullien, tout homme à cét égard est naturellement Chrétien. C'est pourquoy des-là qu'un Barbare fait ce qu'il connoist estre contraire à la droite raison, il sent aussi en mesme temps que c'est violer quelque loy, & offenser quelque legislateur suprême, quoy-qu'il n'en ait pas une connoissance distincte.

Remarquez s'il vous plaist icy en passant, Monsieur, comme l'ignorance dont le Professeur a voulu parler dans sa These, n'est qu'une

Jesuites, qui n'ont point fait difficulté de dire que faute d'esprit & d'instruction, quelques Barbares au sortir de l'enfance, peuvent ignorer invinciblement & sans peché, l'éxistence de Dieu durant un temps considerable. Mais ce Jesuite n'a fait en cela que suivre le sentiment commun des Theologiens de la Compagnie, qui est que cette ignorance est impossible; ou au moins qu'elle ne sçauroit estre que tres-rare, & que pour peu de temps. C'est ce que le Dénonciateur a bien voulu dissimuler. Mais voicy une preuve encore plus éclatante de sa bonne foy.

Victoria, Medina, Zumel, Trigosus, Montesino, Martinez, &c.

II. Objection du Professeur.

Il s'ensuivroit de nostre assertion, « poursuit le Professeur, que sou- « vent les Chrétiens commettroient «

» xion en péchant qu'ils offenſoient
» Dieu. Outre cela, ſi un homme ſans
» penſer à Dieu, avoit commis une in-
» finité d'adulteres & d'homicides, il
» ne ſeroit point obligé de s'en ac-
» cuſer : & ainſi pluſieurs tres-grands
» ſcelerats pourroient douter s'ils au-
» roient beſoin de confeſſion. De plus,
» celuy qui ſçachant ſeulement que ce
» qu'il fait eſt contraire à la raiſon,
» formeroit le deſſein de dérober, de
» tuer, de commettre des adulteres &
» toutes ſortes d'autres crimes, ſeroit
» moins coupable que celuy qui ayant
» la connoiſſance de Dieu, auroit en-
» vie ſeulement de dérober un écu.
» Enfin un homme en ſe ſoüillant de
» tous ces pechez, pourroit néan-
» moins demeurer ami de Dieu & ſon
» fils adoptif, digne de ſon amour &
» de l'heritage celeſte. Or ce ſont là
» autant de conſéquences tres-abſur-

Theſe comme on le dit, à prendre «
les choſes dans une ſpeculation pu- «
rement *metaphyſique*, & ſuppoſé une «
condition qui eſt impoſſible; je l'ac- «
corde. A les prendre *moralement*, & «
ſelon qu'elles arrivent en effet; je «
le nie. «

La raiſon eſt que tous les fidel- «
les eſtant accouſtumez dés l'enfan- «
ce, à regarder toute ſorte de pé- «
chez comme contraires, non pas «
ſimplement à la raiſon, mais à la «
loy divine, & comme de veritables «
offenſes de Dieu, il eſt MORA- «
LEMENT IMPOSSIBLE qu'au- «
cun d'eux ſçache que ce qu'il fait eſt «
contre la droite raiſon, qu'en meſ- «
me temps il ne voye pour le moins «
confuſément ou implicitement qu'il «
offenſe Dieu. Il eſt vray que c'eſt «
une choſe *metaphyſiquement* poſſi- «
ble (*c'eſt-à-dire où l'on ne voit* «

» tels : mais C'EST UN CAS QUI
» N'ARRIVE JAMAIS.

Nous n'approuvons point ces idées metaphysiques, Monsieur, & nous rejettons avec horreur toutes les conséquences qu'on en veut tirer. Nous croyons mesme que la raison qu'apporte le Professeur, peut réfuter cette prétenduë possibilité. Mais il est toûjours vray, pour me servir d'un éxemple qui est pris des amis mesme du Dénonciateur, que dans la pensée du Professeur, le Peché Philosophique n'est pas plus possible, qu'il est possible qu'à force de remuer les caractéres d'une imprimerie broüillez ensemble, ils se trouvent tellement arrangez, qu'ils composent tout de suite l'Enéide de Virgile. Car ce sont-là de ces choses qu'on appelle possibles *métaphysiquement*, parce qu'el-

tiens; & telle est aussi à peu prés la pensée de quelques autres de la Compagnie, qui ont eû à répondre sur la mesme difficulté.

De Rhodes, de Lugo, Martinon, Amicus, Arriaga, Theophil. Raynaud, &c.

Que vous semble, Monsieur, de cette doctrine? est-ce là ce qu'on appelle établir la nouvelle héresie? Qui dit une héresie dans la Morale, dit une fausse opinion proposée & soutenuë comme vraye. Est-ce donc proposer celle du Péché Philosophique comme vraye par rapport aux mœurs, de déclarer que ce peché est une chose *impossible moralement*, c'est-à-dire, absolument nulle dans la morale & dans la pratique?

Voilà, Monsieur, quelle est la candeur, la droiture, & la bonne foy de ces gens qui reprochent aux Jesuites les équivoques & les restrictions mentales. En publiant ce qui pouvoit rendre le Professeur crimi-

faire auteur d'une doctrine qu'il a rejettée dans ses Ecrits; non contens de supprimer ce qui estoit propre pour expliquer sa These mal conceuë, & dont les termes faisoient du scandale. Avoüez, Monsieur, que c'est blesser la verité & la charité tout à la fois avec connoissance de cause; & qu'une action de cette nature dans des gens qui ne manquent pas d'intelligence, & qui n'ont pas oublié Dieu, n'est rien moins qu'un Peché Philosophique.

Mais n'est-il pas vray, me direz-vous, que le Dénonciateur les a aussi produits de son costé ces mesmes écrits? N'en est-ce pas un extrait qu'il a inseré dans le troisiéme article de la nouvelle hérésie, où l'on entend le Jesuite de Dijon qui propose luy-mesme, qui explique, qui prouve, & qui soûtient dans une

ce que vous avez pris cette dissertation pour la doctrine des Ecrits du Professeur : je sçay que ce seroit prendre à partie autant de gens qu'il y en a qui l'ont leûë : car je ne connois personne qui n'en ait eû la mesme pensée que vous. Bien loin de le trouver étrange, je serois surpris si le monde en avoit jugé autrement.

Il est vray que pour croire ce Theologien, capable de faire sérieusement un discours aussi plein d'impiété & d'extravagance que celuy-là, il a fallu supposer en luy une dépravation d'esprit qui paroist incompréhensible. Mais aussi d'un autre costé, ce qu'il auroit fallu s'imaginer pour l'en croire innocent, estoit sans comparaison moins vraysemblable. Si l'on a de la peine à concevoir un aveuglement tel que seroit le sien,

minable doctrine, à un homme qu'ils sçauroient n'y avoir pensé que pour la combattre & pour la rejetter? Pouvoit-on seulement avoir le moindre doute là-dessus, aprés une protestation aussi positive & aussi expresse que celle du Dénonciateur?

Voicy, dit le Dénonciateur immédiatement avant que de faire parler le Professeur de Dijon, *voicy comme il a demeslé cette matiere mieux que n'avoit fait aucun Jesuite avant luy. On ne le dit ni en devinant ni par conjecture: on a entre les mains les écrits qu'il a dictez, & qui contiennent les fondemens de sa These.* Lors qu'ensuite d'un tel avertissement, l'on entend le Professeur de Dijon s'expliquer toûjours en premiere personne: *J'ay eû raison de distinguer: J'ay eû raison de remarquer: C'est, je l'avoüe, ce que doi-*

Page 17.

que c'eſt-là une traduction, ou au moins un abregé fidelle de ce qu'il a dicté : que dans ces Ecrits les trois parties de ſa Theſe ſont prouvées, comme dans le Libelle du Dénonciateur, ſans diſtinction d'ignorance coupable ou non coupable ; & que ce qui précede ces trois concluſions, en ſont *les fondemens contenus dans ſes écrits*, ainſi que le Dénonciateur nous en aſſeûre.

Que direz-vous donc, Monſieur, quand vous ſçaurez que cette longue ſuite de raiſonnemens ſur leſquels on luy fait appuyer les trois conſequences, eſt tirée non pas des Ecrits du Jeſuite, mais de la teſte de ſon accuſateur ? C'eſt un fait aiſé à éclaircir. Le Dénonciateur a déclaré au Public qu'il avoit entre les mains les Ecrits du Profeſſeur ſur la queſtion dont il s'agit. Qu'il les

si dans les Ecrits aussi-bien que dans le Libelle de la nouvelle hérésie ce Jesuite établit le Peché Philosophique comme une chose réelle *& tres-ordinaire*, soit parmi les Infidelles, soit parmi les Chrétiens. C'est là qu'il en faut venir, pour montrer qu'on a pu dire sans mensonge, *Voicy comme il a demeslé cette matiere*, &c.

Mais quelque parti que prenne le Dénonciateur, il luy sera impossible de déguiser son imposture. S'il refuse de produire ces Ecrits, ce sera la reconnoistre par son silence : & s'il ose les rendre publics, elle n'en sera que plus évidente. Car alors vous reconnoistrez, Monsieur avec étonnement, que dans tout ce long tissu de propositions, de preuves, de conclusions, d'objections & de réponses, qui contiennent, dit-on, *les fondemens de la The-*

pesche pas non plus qu'eux de rejetter hautement le Peché Philosophique : encore ne peut-on pas dire que ce soit la proposition du Jesuite, aprés la falsification que le Dénonciateur y a faite, & qui sert de fondement aux plus pernicieuses conséquences qu'il ait tirées contre l'Auteur dans tout son Libelle.

Y eût-il jamais, Monsieur, rien de plus faussement supposé, que tout ce discours qu'on fait faire au Professeur ? Cela passe bien les équivoques & les restrictions mentales. On ment icy en termes clairs & sans aucune équivoque : on joint la calomnie au mensonge, pour accuser d'hérésie un Prestre, un Religieux, un Theologien, qui bien loin de soûtenir les erreurs qu'on luy impute, les combat d'une maniere tres-expresse.

ſçait eſtre mal, qu'il ne voye du moins par un ſentiment confus que c'eſt deſobeir à cét Eſtre ſouverain : & on fait dire à ce Profeſſeur qu'une infinité de Payens ont eſté & ſont encore deſtituez de toute connoiſſance de Dieu.

On a veû dans les Ecrits que les Chrétiens ſçachant tous qu'on ne peut violer la loy ſans offenſer Dieu qui en eſt l'auteur, ils ne pechent jamais ſans penſer à luy autant qu'il eſt neceſſaire pour le pouvoir offenſer : & on fait dire au Jeſuite qu'il eſt *tres-ordinaire* de voir des Chrétiens commettre les plus grands crimes dans un oubli de Dieu qui empeſche qu'il n'en ſoit le moins du monde offenſé.

Enfin, le Dénonciateur a veû dans ces meſmes Ecrits, que ſelon le Theologien de Dijon, il ne ſe com-

se *moralement impossible*, qui n'est jamais arrivée, & qui n'arrivera jamais : & il luy fait dire, au contraire, qu'il est *tres-ordinaire* que *les fornications, les adulteres, les impudicitez les plus monstrueuses, les empoisonnemens, les assassinats, les vengeances les plus cruelles, ne soient que des Pechez Philosophiques, qui ne sont point offenses de Dieu, qui ne méritent point la peine éternelle, & qui ne feroient point déchoir de la grace ceux qui y auroient esté auparavant.*

Je disois tantost, Monsieur, que j'en appellois à vos yeux. Mais peu s'en faut que je ne doute presentement si vous les en pourrez croire. Du moins suis-je asseûré qu'aimant la droiture autant que vous l'aimez, vous ne pourrez voir, sans en estre indigné, une si honteuse prévarication : Ce seroit en affoiblir l'idée

Il y a néanmoins icy une circonstance particuliere : c'est qu'il n'est pas question d'une simple calomnie. C'en seroit toûjours une tres-criminelle, que d'avoir imputé dans un Ecrit public des erreurs si détestables à un Religieux qu'on sçavoit en estre tres-éloigné : mais il y a quelque chose de plus dans l'affaire dont il s'agit. C'est une accusation dans les formes, où l'on cite le Professeur de Dijon, & avec luy tous les Jesuites, au tribunal du *Pape* & des *Evesques*, des *Princes* & des *Magistrats*, comme auteurs de ce qu'on peut imaginer de plus scandaleux & de plus impie en fait de doctrine morale. Parler contre sa conscience dans une occasion comme celle-là ; vouloir tromper les juges en leur exposant seulement une partie du fait, & en leur cachant

glise. Aprés cela, que ne peut-on pas accorder avec la séverité de la Morale, lors qu'il s'agit de décrier les Jesuites ?

Mais revenons au Theologien de Dijon. Le voilà justifié, direz-vous, par rapport à ses Ecrits : mais que peut-on répondre sur ce qui touche sa These ? *Le Peché Philosophique*, dit-il, *estant commis par une personne qui n'a nulle connoissance de Dieu, ou qui n'a nulle pensée actuelle de Dieu, n'est point une offense de Dieu, ni un peché mortel qui rompe l'amitié de l'homme avec Dieu, ni qui mérite la peine éternelle.* Cela ne suppose-t-il pas qu'il y a en effet des gens qui ne commettent que des Pechez Philosophiques, faute de connoistre Dieu ou de l'avoir present à l'esprit ?

Comme il faut toûjours estre de bonne foy à l'égard de ceux mesmes

reur une si dangereuse hérésie, plus je conviens qu'il a eû tort de proposer une These, qui estant séparée des Ecrits, porte naturellement l'esprit à l'erreur mesme qu'il rejette.

C'est pourquoy si les Dénonciateurs du Peché Philosophique n'avoient pas veû les Ecrits du Jesuite, bien loin de trouver mauvais qu'ils eussent esté scandalisez de cette These, je loüërois leur zele de l'avoir combatuë. Mais aprés la lecture de ces Ecrits, en quelle conscience ont ils pu, sous prétexte d'une proposition mal conceuë, faire ainsi le procés à ce Theologien, comme s'ils n'eussent pas esté instruits par leurs propres yeux de ses veritables sentimens? Si l'on ne s'arreste qu'aux termes & aux apparences, de quelles erreurs ne pourroit-on pas charger & les Theologiens les plus orthodo-

ſée d'un Auteur ſur quelque ſujet, & qu'il ſemble ne s'accorder pas aſſez avec luy-meſme ; c'eſt une maxime conſtante & receuë de tout le monde, que s'il y a des endroits où il ait traité la matiere expreſſément & à deſſein, où il ſe ſoit expliqué clairement & en termes formels, c'eſt par là qu'on doit juger de ſes ſentimens, & non par quelque autre endroit obſcur ou ambigu de ſon ouvrage, qui ſeroit ou qui paroiſtroit contraire.

Suivant cette régle, il eſt facile de voir ce qu'on doit prendre icy pour le vray ſentiment du Profeſſeur. Il s'agit de ſçavoir ſi dans ſa Theſe il a voulu parler du Péché Philoſophique comme d'une choſe réelle & éxiſtente, ou s'il n'en a voulu parler que par une maniére de ſuppoſition, pour dire ſimple-

offenses de Dieu, ni des péchez mortels, &c.

Or il n'y a pas lieu de douter, Monsieur, que ce ne soit uniquement dans ce dernier sens qu'il a parlé. Vous le verrez par la Déclaration Latine qu'il en a faite depuis longtemps avec serment, & que vous trouverez à la fin de cette Lettre. Il doit en estre crû, puis qu'il est le premier ou plûtost l'unique témoin de ce qu'il pensoit en faisant sa These. Mais quand il ne le diroit pas, ses Ecrits d'où elle est prise mot à mot, & ausquels elle a un rapport nécessaire, le disent assez pour luy. Car on y voit clairement & par la maniere dont il propose l'état de la question à laquelle sa These répond, & par les preuves sur lesquelles il appuye sa These, & par les réponses qu'il fait ensuite aux objections: on

ou d'un oubli qui ſeroit invincible & non coupable.

Au reſte, s'il a conceû ſa Theſe en des termes qui paroiſſent abſolus, quoy-que ſa penſée ne le fuſt pas, vous ſçaurez, Monſieur, qu'il n'a rien fait en cela qui ne ſoit aſſez ordinaire dans l'uſage de l'Ecole. Car n'y voit-on pas ſouvent & les Philoſophes & les Theologiens faire des propoſitions qui ſemblent abſoluës, & qui le ſont quant aux termes, comme la ſienne, ſans qu'elles le ſoient dans leur penſée, & ſans que perſonne les prenne de la ſorte ?

Entre mille éxemples que je pourrois vous en apporter, je me contenteray d'un ſeul qui ne doit eſtre ni inconnu ni deſagréable aux Dénonciateurs de la nouvelle héreſie. Vous ſçavez ce qu'ils penſent tou-

Je demande donc comment ces Meſſieurs veulent que nous prenions ce qu'on leur entend dire tous les jours, que les graces purement ſuffiſantes ſont ſoumiſes à la volonté de l'homme ; qu'elles ne donnent qu'un pouvoir ſterile & ſans effet ; qu'elles n'ont point d'autre uſage que de rendre les pecheurs coupables dans leurs pechez, &c. Qu'entendent-ils lors qu'ils parlent ainſi, eux qui ſuppoſent qu'il n'y a point effectivement de ces ſortes de graces, & qui les eſtiment plus dignes de la malice du démon que de la bonté de Dieu ? Ils ſeroient faſchez qu'on donnaſt d'autre ſens à leurs propoſitions que celuy-cy : *Les graces purement ſuffiſantes, s'il y en avoit, ſeroient ſoumiſes au libre arbitre : elles n'auroient point d'autre uſage que de rendre les pecheurs cou-*

autrement absoluë que le sont les leurs, & il ne s'est pas moins declaré contre l'éxistence & la possibilité du Peché Philosophique, qu'ils se déclarent contre celle des graces purement suffisantes. Il a donc pu aussibien qu'eux s'exprimer en termes absolus, quoy-qu'il n'ait voulu dire que cecy : *Le Peché Philosophique, s'il y en avoit, ne seroit point une offense de Dieu ; il n'attireroit point sa haine*, &c.

Voilà, Monsieur, à quoy se réduit la doctrine de ce Théologien & des autres Jesuites que l'on peut citer pour le Péché Philosophique. Si vous souhaitez maintenant de sçavoir nostre sentiment là-dessus, nous ne pouvons mieux l'exprimer que par ces paroles de la Déclaration du Professeur, de laquelle je vous ay déja parlé.

moy ni la Compagnie n'y auroit pas plus d'intereſt que d'autres Theologiens qui ont eſté de cette opinion : & je me mettrois peu en peine de la defendre, ne l'ayant embraſſée qu'en-tant qu'il m'a paru qu'elle eſtoit receüë dans l'Egliſe, ou au moins qu'elle n'y eſtoit pas condamnée.

Nous ſommes tous, Monſieur, dans la meſme diſpoſition : & pourquoy nous intereſſerions-nous à une doctrine que quelques-uns de nos Auteurs ont enſeignée à la vérité, mais qui ne leur eſt point particuliere, & que tant d'autres parmi nous ont refutée & refutent encore tous les jours fortement ? C'eſt pourquoy ſans prendre ſur cela aucun parti, nous diſons ſeulement que la propoſition dont il s'agit, ſoit qu'elle ſoit vraye ou fauſſe, n'a rien de commun avec la nouvelle héré-

Azor, Salas, Tannerus, Oviedo, Hurtado, Pallavicin, &c.

Philosophiques qui n'offensent pas Dieu, & que ce sont sans exception tous les crimes qui se font dans l'ignorance ou dans l'oubli de Dieu, mesme volontaire & coupable : au lieu que l'autre proposition dit simplement que si quelqu'un pechoit avec une ignorance ou un oubli de Dieu qui fust absolument involontaire & non coupable, son peché ne seroit pas proprement une offense ou un mépris de Dieu.

La premiere de ces propositions établit le Peché Philosophique comme une chose réelle & qui existe actuellement : mais la derniere n'en parle que par forme d'hypothese, sans dire qu'il éxiste ni qu'il puisse éxister.

La premiere fait de ce peché la chose du monde la plus commune & la plus ordinaire, puis qu'elle l'é-

coustumez à l'oublier, soit par un dessein formé de pecher plus librement, soit par une négligence criminelle de penser à luy ; mais la seconde restraint ce peché, s'il y en avoit, au seul cas d'une ignorance ou d'un oubli involontaire & non coupable, qui ne sçauroit estre qu'infiniment rare, si ce n'est plûtost qu'il soit tout-à-fait impossible, comme le tiennent la pluspart des Théologiens fondez sur les témoignages de l'Ecriture & des Peres.

Enfin la premiere proposition est le principe naturel & nécessaire de toutes ces affreuses conséquences que le Dénonciateur en a tirées contre nous ; mais elles ne suivent nullement de la seconde proposition, parce qu'elle ne joint pas le Peché Philosophique avec une ignorance ou un oubli de Dieu volontaire &

des Theologiens ayent soutenu la derniere, pourveû qu'ils n'ayent pas soutenu l'autre, qui seule fait l'héresie du Peché Philosophique : & c'est ce que nous avons dit dans nostre premiere Lettre, qu'aucun de nos Ecrivains n'a enseigné une si horrible doctrine.

Il semble, Monsieur, que pour le prouver au regard des autres, comme nous l'avons fait au regard du Professeur de Dijon, il ne faudroit qu'en appeller au Libelle mesme de la nouvelle héresie. Car pensez-vous que si depuis cinquante ans que le Dénonciateur & ses amis cherchent avec empressement des erreurs dans nostre Morale, ils y avoient pû découvrir celle du Péché Philosophique, ils eussent esté si long-temps sans la dénoncer, ou que le Professeur de

phique, il n'auroit pas attendu la These de Dijon pour faire naistre d'eux ce nouveau monstre de Morale; ni le Dénonciateur qui vient encore d'examiner tous nos Auteurs pour les comparer avec ce Professeur, n'appelleroit pas l'héresie du Peché Philosophique, *La nouvelle déconverte des Théologiens de Dijon.*

Page 17.

Page 27.

Mais enfin, ce que n'a pas fait jusqu'icy cét Ecrivain si vif sur la religion, & si zelé pour l'extinction de l'héresie, il ne tiendra qu'à luy de le faire s'il veut dans la suite. On le prie seulement de ne pas donner le change. Car ce qu'on attend de luy, c'est qu'il fasse voir quelqu'un de nos Ecrivains qui ait reconnu le Péché Philosophique jusques dans l'ignorance & l'inadvertence volontaire & coupable : ou qui ait crû qu'elle fust non coupable

un Auteur, ne feroit rien au sujet, ni ne seroit pas l'héresie dont il est icy question.

Pour éprouver donc si nous sommes prests à desavoüër, comme nous l'avons promis, qui que ce soit de nos Ecrivains qui s'en trouveroit coupable, on permet au Dénonciateur de les relire tous à loisir, pourveû qu'il promette d'estre un peu plus fidelle dans la citation des autres, qu'il ne l'a esté au regard des Ecrits du Professeur de Dijon.

Aprés tout, si nonobstant l'éclaircissement que nous donnons icy sur la doctrine de ce Professeur, l'Eglise jugeoit que sa These ou celle de quelque autre de nos Theologiens fust hérétique dans le sens mesme de leurs Ecrits; nous l'avons déclaré, Monsieur, & nous le déclarons encore, que nous serions

à Dieu que le Dénonciateur & ses amis voulussent imiter nostre conduite !

Vous auriez sujet, Monsieur, de n'estre pas content de moy, si je dissimulois icy une objection qui vous sera sans doute venuë dans l'esprit. Il est vray, dira-t-on, que le Theologien de Dijon a rejetté la nouvelle hérésie, en niant absolument les Pechez Philosophiques : mais aussi d'un autre costé, il soûtient que l'on en commettroit, s'il arrivoit que l'on pechast avec une ignorance ou un oubli de Dieu qui fussent entierement involontaires. Or cette proposition, toute différente qu'elle est en effet de la nouvelle hérésie, ne laisse pas de pouvoir servir aux athées & aux libertins pour y revenir. Car voicy de quelle maniére ils pourront rai-

tat où je suis en péchant, dira l'impie ou le libertin. Je ne fais donc que des Pechez Philosophiques. « « «

Cette conclusion est, dit-on, une suite necessaire des deux propositions d'où elle se tire. Puis donc que celle du Professeur est la premiere de ces propositions, il est vray qu'elle sert à prouver le Peché Philosophique.

A Dieu ne plaise, Monsieur, que nous donnions cét avantage aux pecheurs. Non, ce n'est point à cette proposition qu'on doit attribuer leur conséquence erronée, mais à une fausseté qu'ils y ajoûtent du leur; sçavoir, qu'ils ne pechent qu'avec une ignorance ou une inadvertence involontaire. C'est un mensonge, dont ils sont assez convaincus, ou au moins il ne tient qu'à eux de l'estre. Car jamais ils ne péchent qu'ils

autant qu'il faut le connoiſtre pour en eſtre coupable. Or ſçavoir qu'il y a du peché dans ce qu'ils font, c'eſt ſçavoir que Dieu le défend: jamais ces deux choſes ne ſe ſéparent dans la penſée, je dis au regard de ceux qui connoiſſent un Dieu auteur de la loy. Il eſt vray que ſouvent ils ne font pas un retour exprés & formel ſur luy ni ſur ſa défenſe: mais cela n'eſt pas neceſſaire pour y penſer en effet. Combien de choſes faiſons-nous tous les jours librement & avec une advertence tres-réelle, ſans qu'il ſoit beſoin d'une réflexion diſtincte, par laquelle on ſe diſe expreſſément à ſoy-meſme qu'on y penſe? Y a-t-il perſonne qui aprés avoir leû ou écrit durant quelques heures, ſe ſouvienne d'avoir fait attention à la force & à la ſignification de cha-

racteres inconnus l'auroit arresté. Mais la réflexion qu'il a faite a esté comme imperceptible, & n'a fait dans le cerveau ou dans la memoire, aucune impression sensible qui l'en fasse souvenir un moment aprés. C'est donc une méchante preuve pour les libertins, de dire qu'ils n'ont pas pensé à Dieu en péchant, parce qu'ils ne se souviennent pas d'y avoir pensé : & c'est au contraire une bonne preuve qu'ils y ont pensé, de ce qu'ils ont sceû qu'ils faisoient mal.

2. Sur quelque oubli de Dieu que ces pecheurs se puissent excuser, c'est toûjours une fausse excuse que celle-là. Car ce n'est jamais que par leur faute qu'ils tombent dans cet oubli. C'est qu'ils se sont aveuglez eux-mesmes en résistant à la lumiere, en fermant les yeux pour ne pas

qui augmente leur peché, bien loin de le diminuer, & qui n'empesche jamais qu'ils n'ayent autant de connoissance qu'il est necessaire pour les rendre coupables de l'offense de Dieu. Qu'on s'en prenne donc aux libertins, & à l'erreur où ils sont là-dessus, si la conséquence de leur prétendu raisonnement est impie : mais qu'on ne l'impute pas à la proposition dont ils abusent.

La matiere est trop importante, pour ne mériter pas qu'on l'éclaircisse encore par un éxemple qui rendra la verité plus sensible. Imaginez-vous donc, Monsieur, entendre un de ces gens-là qui vous dit en raisonnant sur le mesme modelle :

» Dieu ne peut pas me commander
» l'impossible, & me punir ensuite
» pour y avoir manqué. Or il m'est
» impossible de croire tel & tel myste-

Que diriez-vous, Monſieur, de cét argument des pecheurs ? Seroit-il juſte d'avoüër que ce principe, *Dieu ne commande rien d'impoſſible*, leur fuſt favorable, parce qu'ils en peuvent tirer une concluſion tres-impie ? Non ſans doute. Mais pourquoy ne le doit-on pas avoüër, ſinon parce que leur fauſſe concluſion eſt l'effet non pas de cette verité, mais du menſonge qu'ils y joignent, qui eſt que ce qu'ils ne font pas, leur eſt impoſſible : car c'eſt ce qu'on leur nie, & en quoy l'on eſt aſſeûré qu'ils ſe trompent.

Vous voyez, Monſieur, dans cette réponſe, celle que demande l'autre raiſonnement qu'on fait faire aux impies en faveur du Peché Philoſophique. Il eſt donc certain, & il eſt de l'édification publique qu'on le ſçache, que la pro-

Mais, Monsieur, on nous fait encore un procés sur la These de Louvain ; & vous auriez à vous plaindre de moy, si je ne disois icy quelque chose pour vous satisfaire là-dessus. Car de quoy serviroit-il que les Jesuites de Dijon eussent condamné le Peché Philosophique, si ceux de Louvain l'avoient soûtenu ? Or c'est ce qu'ils ont fait, si on en croit le Dénonciateur, parce qu'ils ont mis dans leur These, dit-il, ce qu'ils *ont pû trouver de plus plausible pour appuyer ou pour justifier celle de leurs Peres de Dijon. Ils ne se sont point effrayez d'une si étrange doctrine, & ils se sont résolus de ne la point abandonner, mais de la défendre, comme estant bien tirée de leurs principes.*

Page 44.

C'est-là, Monsieur, ce qui s'appelle pousser la calomnie jusqu'où elle peut aller. Il y a plus de sept

nonciateur pourroit-il répondre? quel moyen de déguiser les deux falsifications qu'il a faites dans une seule These de quatre ou cinq lignes, pour y trouver dequoy servir de prétexte à sa nouvelle imposture?

La These de Louvain a deux parties, dont la premiere contient l'opinion du Professeur touchant l'ignorance de l'éxistence de Dieu. En voicy les termes: *Quamvis existentia Dei etiam populariter sit demonstrabilis, non modo tamen non est nota per se quoad nos, sed etiam fieri potest ut ab homine ordinariis tantum divinæ gratiæ auxiliis prævento ignoretur* TANTISPER *inculpatè*. C'est-à-dire: « Quoy que l'éxistence de Dieu se « puisse démontrer d'une maniere pro- « portionnée mesme à l'intelligence « du peuple, il est vray neanmoins que

» ne prévenuë seulement des secours
» ordinaires de la grace.

L'autre partie de la These regarde certaines gens de Louvain qui faisoient alors grand bruit sur celle de Dijon qu'ils venoient de r'imprimer, & qui prétendoient comme le Dénonciateur, que c'estoit soutenir l'hérésie du Peché Philosophique, de dire qu'il pourroit y avoir dans quelque cas une ignorance non coupable de l'éxistence de Dieu. C'est en veüë de ces gens-là que le Professeur de Louvain aprés avoir mis dans sa These que cela n'est pas impossible, ajoûte ces paroles : *Eripiant hoc nobis, si possunt, assertum Philosophici in Burgundiam usque persecutores Peccati : sed non poterunt.* C'est-à-dire, *Qu'ils réfutent s'ils peuvent cette proposition, eux qui vont chercher jusqu'en Bourgogne le*

quoy qu'il en ſoit de cette Theſe, ils ne ſçauroient prouver le contraire de ce que je ſoutiens icy.

Vous feriez ſans doute en peine, Monſieur, de deviner comment la Theſe de Louvain conceuë de la maniere que vous venez de voir, ſeroit faite pour défendre l'héréſie du Peché Philoſophique: puis qu'il n'y a rien là qu'on ne puiſſe dire meſme en condamnant la Theſe de Dijon. Mais vous allez voir comment on a ſceû faire parler le Jeſuite de Louvain, pour trouver dans la ſienne ce qu'on avoit intereſt qui y fuſt.

La premiere falſification qu'on y a faite ſaute aux yeux. Ce Profeſſeur dit ſimplement, comme vous avez veû, Monſieur, que l'éxiſtence de Dieu pourroit eſtre ignorée ſans peché, DURANT QUELQUE PEU DE TEMPS: *Fieri poteſt ut igno-*

Sauvage au ſortir de l'enfance, avant que ſa raiſon ſe fuſt développée, & avant que perſonne luy euſt parlé de Dieu, ou que la premiere penſée luy en fuſt venuë, pourroit ignorer ſans peché l'exiſtence de Dieu *durant quelque peu de temps*, c'eſt-à-dire, ſi l'on veut, durant quelques jours; s'enſuit-il de là que *tous les peuples de l'Amerique, avant qu'elle fuſt découverte*, auront eſté toute leur vie dans cette ignorance, ſans qu'il y ait eû de leur faute, & *n'auront commis au plus que des Pechez Philoſophiques dont Dieu n'eſt point offenſé?* Le Dénonciateur a bien veû que cette conſéquence euſt paru d'abord extravagante. Il vouloit pourtant à quelque prix que ce fuſt la tirer des termes de la Theſe de Louvain. Il falloit donc en retrancher le *tantiſ-*

Page 47.

voyer le Dénonciateur aux enfans de la derniere classe de Grammaire, pour apprendre d'eux à mieux traduire, *Persecutores* IN BURGUNDIAM USQUE *Philosophici Peccati.* Car le plus petit écolier luy feroit remarquer que *persecutores* ou *qui persequuntur in Burgundiam usque*, qui est icy la mesme chose, signifie *ceux qui poursuivent* ou *qui vont chercher le Peché Philosophique jusques en Bourgogne*; & non pas comme il a traduit par un contre-sens ridicule, LES PERSECUTEURS *de la doctrine du Peché Philosophique enseignée en Bourgogne.* Quelle est son ignorance s'il n'a pas sceû cela, ou quelle est sa mauvaise foy, s'il a fait semblant de ne le pas sçavoir?

Quoy qu'il en soit, c'est là-dessus qu'il impute aux Jesuites de

des erreurs dans la Morale des Jesuites? Il y a long-temps qu'on est en possession d'y en découvrir par une semblable méthode. C'est celle de l'Auteur des Provinciales, & de tant d'autres qui ont frayé le chemin à nostre Dénonciateur de la nouvelle héresie. Ils ont esté à peu prés aussi fidelles à l'égard de nos autres Theologiens, que vous voyez, Monsieur, qu'il l'a esté à l'égard de ces deux Professeurs de Louvain & de Dijon.

Mais s'ils n'ont pas effectivement enseigné l'hérésie du Peché Philosophique, n'est-il pas vray au moins qu'ils auroient deû l'enseigner comme une suite nécessaire des principes de la Compagnie? C'est un autre point à examiner: mais nous le réserverons, s'il vous plaist, pour une troisiéme Lettre, celle-cy n'es-

DIVIONENSIS THEOLOGI

SUAM

DE PECCATO PHILOSOPHICO

THESIM EXPONENTIS

SENTENTIA.

SENTIMENT DU PROFESSEUR DE DIJON SUR SA THESE DU PECHE PHILOSOPHIQUE.

J'Ay appris avec un extréme étonnement & avec le sentiment de douleur que je devois, en lisant l'Ecrit intitulé Nouvelle hérésie, *&c. qu'à l'occasion d'une These que j'avois fait soûtenir dans le College de Dijon le jour de Juin 1686. sur la matiere des pechez, quelques personnes ont excité un scandale parmi les fidelles, & ne me rendent pas coupable moy seul, mais toute nostre Compagnie avec moy, comme si de l'aveu des Superieurs, & selon les principes fondamentaux de nostre Theologie, j'avois enseigné qu'une grande partie des crimes qui se commettent, soit par les Chrétiens, soit par les Infidelles, ne sont point*

DIVIONENSIS PROFESSORIS
SUAM DE PECCATO PHILOSOPHICO THESIM EXPONENTIS SENTENTIA.

OBſtupui mirum in modum, atque ut par erat indolui, cum ex Libello Gallico, qui inſcribitur *La nouvelle héreſie, &c.* intellexi quemadmodum occaſione cujuſdam Theſis de peccatis a me propoſitæ in Divionenſi Collegio die Junii 1686. ſcandalum fidelibus objectum ſit a quibuſdam, non me ſolum, ſed univerſam Societatem in crimen vocantibus: quaſi ego Superiorum aſſenſu, & ex intimis Theologiæ noſtræ placitis docuerim magnam criminum partem, quæ vel à Chriſtianis, vel ab Infidelibus patrantur, nullam Dei offenſam continere, nec ejus odium, aut æterna mereri ſupplicia. Huic tam iniquæ

fin de contribuer ce qui est en moy pour la défense de tout le Corps, & pour ma justification particuliére, je devois publiquement déclarer ce qui suit.

I. La These dans laquelle j'ay dit que le Peché Philosophique n'est point une offense de Dieu, qu'il ne mérite point sa haine ni les peines éternelles; Cette These, dis-je, est à la vérité conceüe en des termes, qui contre mon intention, en peuvent faire deux propositions entiérement différentes; l'une absoluë, qui est qu'il se commet en effet des Pechez purement Philosophiques par toutes les personnes qui ne connoissent pas Dieu ou qui ne pensent pas actuellament à luy; & l'autre hypothetique, qui dit simplement ce que seroit ou ne seroit pas le Peché Philosophique, eû égard à la seule notion des termes, supposé qu'il s'en commist quelqu'un, mais sans affirmer qu'il s'en commette effectivement. Mais quant à cette premiere proposition absoluë, non-seulement Dieu m'est témoin que jamais rien ne fut plus éloigné de ma pensée, mais encore les Ecrits de Theologie que j'ay dictez publiquement sur ce sujet, en font foy. Car outre

opus est, toti Ecclesiæ reddam, hæc quæ sequuntur palam declaranda esse duxi.

I. Ea Thesis qua dixi Peccatum Philosophicum non esse offensam Dei, nec illius odio æternave pœna dignum; hæc, inquam, Thesis cum iis verbis conflata fuerit, ex quibus præter meam mentem propositiones duæ existere possint plane diversæ; absoluta una, quæ Peccati mere Philosophici existentiam asserat in iis omnibus qui Deum ignorant aut de illo non cogitant; altera pure hypothetica, quæ abstrahens, ut dicitur, ab existentia Philosophici Peccati, significet tantum quale istud aut non esset, spectatâ præcise notione terminorum, sive aliquando existat sive non existat: Quod ad propositionem absolutam attinet, non modo testem habeo & appello Deum nihil magis alienum a mea mente extitisse; verum etiam quæ publice a me dicta sunt scripta Theologica, fidem ejus rei certam faciunt. Nam præterquamquod argumenta, quæ ad Thesim probandam adduximus, sub

& j'ay souvent déclaré en termes formels que l'ignorance & l'inadvertence qui rendroit le Peché purement Philosophique, estoit une chose moralement impossible, soit parmi les Chrétiens, soit parmi les Infidelles : ce que j'ay pris à tasche de montrer par des preuves fondées sur l'autorité & sur la raison. Et c'est encore pour cela que j'ay averti deux & trois fois, que mon assertion parloit d'une chose qui n'arrive jamais, & qui ne peut pas mesme arriver : tant s'en faut que j'aye fait du Peché Philosophique une chose commune & ordinaire, ainsi que l'on m'impose faussement & sans sujet.

Quant à la proposition prise comme une simple hypothese, qui dit precisément ce que seroit ou ne seroit pas le Peché Philosophique, s'il y en avoit ; je ne l'ay pas enseignée comme un sentiment particulier à nostre Compagnie, mais comme une doctrine publiquement receüe dans les écoles, à laquelle je n'ay nullement prétendu donner plus de credit que ne luy en peuvent attirer l'autorité ou les raisons des Docteurs qui l'ont approuvée.

II. C'est pourquoy quelque jugement

Philoſophicum reddat, moraliter impoſſibilem eſſe tum apud fideles, tum in ipſis etiam infidelibus; id quod argumentis ab authoritate ac ratione depromptis approbare ſtuduimus. Propterea iterum ac tertio admonuimus Theſim illam noſtram de re eſſe, quæ nec contingat unquam, nec contingere reipſa poſſit: tantum abeſt, quod nobis falſo temereque imponitur, ut ordinarium quiddam eſſe docuerimus.

Jam vero propoſitionem alteram pure hypotheticam, quæ præciſe affirmet quid Peccato Philoſophico conveniat, ſi quod ejuſmodi exiſteret, nequaquam ita defendebamus quaſi privatam Societatis noſtræ doctrinam, ſed tanquam vulgarem ac receptam in ſcholis opinionem, cui non plus tribuendum cenſuimus, quam quantum Theologorum, quibus placuit, authoritas atque argumenta ſuadere unicuique poſſunt.

II. Quæ cum ita ſint, ultimo loco profiteor, utcumque de illa Theſi ſtatuatur à

& d'impie, ils ne condamneront rien que je n'aye moy-mesme condamné & refuté le premier il y a long-temps. Que si l'on estimoit que ma proposition prise comme une pure hypothese méritast le nom d'hérésie ; en ce cas-là ni moy ni la Compagnie n'y auroit pas plus d'interest que d'autres Theologiens qui ont tenu cette opinion : & je me mettrois peu en peine de la défendre, ne l'ayant soûtenuë qu'entant qu'il m'a paru qu'elle estoit receuë dans l'Eglise, ou au moins qu'elle n'y estoit pas condamnée.

FRANÇOIS MUSNIER J.

bunt, quod non a me tanto ante damnatum refutatumque fuerit. Quod siqui hac nota dignam censerent propositionem qua meram hypothesim continet, tum vero non mea magis aut Societatis, quam aliorum causa Theologorum ageretur, qui in eadem sententia versati sunt; nec multum ipse laborandum mihi pro illa opinione tuenda putarem, quam eatenus sum amplexus, quatenus in Ecclesia probatam, certe non rejectam esse animadverti.

FRANCISCUS MUSNIER S. J.

Permission du R. P. Provincial.

JE soussigné Provincial de la Compagnie de Jesus en la Province de France, permets au Pere *** de la mesme Compagnie, de faire imprimer une Lettre qui a pour titre, *Sentiment des Jesuites touchant le Péché Philosophique*, qui a esté veüe & approuvée par plusieurs Théologiens de nostre Compagnie. Fait à Paris le 17. de Mars 1690.

JACQUES LE PICART.

www.ingramcontent.com/pod-product-compliance
Ingram Content Group UK Ltd.
Pitfield, Milton Keynes, MK11 3LW, UK
UKHW021007180726
13838UKWH00003B/1484

9 782329 22734